CADERNO DE ATIVIDADES
2

Organizadora: Editora Moderna

Obra coletiva concebida, desenvolvida e produzida pela Editora Moderna.

Editora Executiva:
Mara Regina Garcia Gay

NOME: ....
....TURMA: ....
ESCOLA: ....
....

1ª edição

© Editora Moderna, 2019

Elaboração de originais:

Diana Maia de Lima
Mestre em Educação Matemática pela Pontifícia Universidade Católica de São Paulo. Licenciada em Matemática pela Fundação Santo André. Editora.

Renata Martins Fortes Gonçalves
Mestre em Educação Matemática pela Pontifícia Universidade Católica de São Paulo. Especialista em Gerenciamento de Projetos (MBA) pela Fundação Getulio Vargas de São Paulo. Bacharel em Matemática com ênfase em Informática pela Fundação Santo André. Editora.

Mara Regina Garcia Gay
Bacharel e licenciada em Matemática pela Pontifícia Universidade Católica de São Paulo. Professora em escolas públicas e particulares de São Paulo, por 17 anos. Editora.

Coordenação editorial: Mara Regina Garcia Gay
Edição de texto: Ofício do Texto Projetos Editoriais
Assistência editorial: Ofício do Texto Projetos Editoriais
Leitura técnica: Patrícia Felipe
Gerência de *design* e produção gráfica: Everson de Paula
Coordenação de produção: Patricia Costa
Suporte administrativo editorial: Maria de Lourdes Rodrigues
Coordenação de *design* e projetos visuais: Marta Cerqueira Leite
Projeto gráfico: Adriano Moreno Barbosa, Daniel Messias, Mariza de Souza Porto
Capa: Bruno Tonel
   Ilustração: Raul Aguiar
Coordenação de arte: Wilson Gazzoni Agostinho
Edição de arte: Teclas Editorial
Editoração eletrônica: Teclas Editorial
Coordenação de revisão: Elaine Cristina del Nero
Revisão: Ofício do Texto Projetos Editoriais
Coordenação de pesquisa iconográfica: Luciano Baneza Gabarron
Pesquisa iconográfica: Ofício do Texto Projetos Editoriais
Coordenação de *bureau*: Rubens M. Rodrigues
Tratamento de imagens: Fernando Bertolo, Joel Aparecido, Luiz Carlos Costa, Marina M. Buzzinaro
Pré-impressão: Alexandre Petreca, Everton L. de Oliveira, Marcio H. Kamoto, Vitória Sousa
Coordenação de produção industrial: Wendell Monteiro
Impressão e Acabamento: NB Impress

Lote 781.343
Cod 12117856

Dados Internacionais de Catalogação na Publicação (CIP)
(Câmara Brasileira do Livro, SP, Brasil)

Buriti plus : matemática : caderno de atividades / organizadora Editora Moderna ; obra coletiva concebida, desenvolvida e produzida pela Editora Moderna ; editora executiva Mara Regina Garcia Gay. — 1. ed. — São Paulo : Moderna, 2019.

Obra em 5 v. para alunos do 1º ao 5º ano.

1. Matemática (Ensino fundamental) I. Gay, Mara Regina Garcia.

19-24816   CDD-372.7

Índices para catálogo sistemático:
1. Matemática : Ensino fundamental 372.7

Maria Alice Ferreira — Bibliotecária — CRB-8/7964

ISBN 978-85-16-11785-6 (LA)
ISBN 978-85-16-11786-3 (LP)

Reprodução proibida. Art. 184 do Código Penal e Lei 9.610 de 19 de fevereiro de 1998.
Todos os direitos reservados
EDITORA MODERNA LTDA.
Rua Padre Adelino, 758 – Belenzinho
São Paulo – SP – Brasil – CEP 03303-904
Vendas e Atendimento: Tel. (0_ _11) 2602-5510
Fax (0_ _11) 2790-1501
www.moderna.com.br
2023
Impresso no Brasil

1 3 5 7 9 10 8 6 4 2

CARO(A) ALUNO(A),

Fizemos este *Caderno de Atividades* para reforçar e explorar ainda mais seus conhecimentos em Matemática.

Aqui você vai encontrar atividades variadas, distribuídas em oito unidades, da mesma forma que no seu livro.

No início de cada unidade, na seção **Lembretes**, há um resumo dos pontos principais, e, no fim, há a seção **Quebra-cuca**, para você se divertir enquanto aprende. Confira!

Os editores

Sumário

Unidade 1 Localização e movimentação

Lembretes 5

Tema 1 • Localização 6

Tema 2 • Movimentação 9

◉ Compreender informações 11

◉ Quebra-cuca 12

Unidade 2 Números

Lembretes 13

Tema 1 • Dezenas e centenas 14

Tema 2 • Sistema de numeração decimal 21

◉ Compreender informações 26

◉ Quebra-cuca 27

Unidade 3 Adição e subtração

Lembretes 28

Tema 1 • Adição 30

Tema 2 • Subtração 35

◉ Compreender informações 41

◉ Quebra-cuca 41

Unidade 4 Geometria

Lembretes 42

Tema 1 • Figuras geométricas não planas 43

Tema 2 • Figuras geométricas planas 47

◉ Compreender informações 48

◉ Quebra-cuca 49

Unidade 5 Multiplicação

Lembretes 50

Tema 1 • Algumas ideias de multiplicação......... 51

Tema 2 • Mais multiplicações...................... 55

◉ Compreender informações 60

◉ Quebra-cuca 60

Unidade 6 Grandezas e medidas

Lembretes 61

Tema 1 • Medidas de comprimento................. 62

Tema 2 • Medidas de massa e de capacidade... 66

Tema 3 • Medidas de tempo.......................... 68

Tema 4 • Sistema monetário......................... 72

◉ Compreender informações 73

◉ Quebra-cuca 74

Unidade 7 Operando com números naturais

Lembretes 75

Tema 1 • Adição e subtração........................ 77

Tema 2 • Multiplicação e divisão.................. 81

◉ Compreender informações 88

◉ Quebra-cuca 89

Unidade 8 Conhecendo as figuras

Lembretes 90

Tema 1 • Figuras geométricas planas 91

Tema 2 • Comparações................................ 94

◉ Compreender informações 95

◉ Quebra-cuca 96

Lembretes

UNIDADE 1 — Localização e movimentação

Movimentação em malha quadriculada

Caminhos orientados

José saiu de casa, virou à direita, seguiu em frente e virou na segunda rua à esquerda. Seguiu em frente e virou à direita para entrar na farmácia.

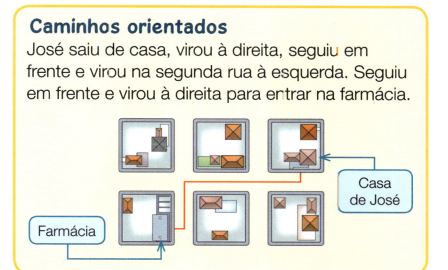

Localização na malha quadriculada

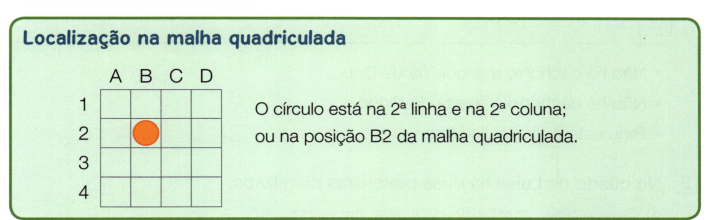

O círculo está na 2ª linha e na 2ª coluna; ou na posição B2 da malha quadriculada.

Vistas

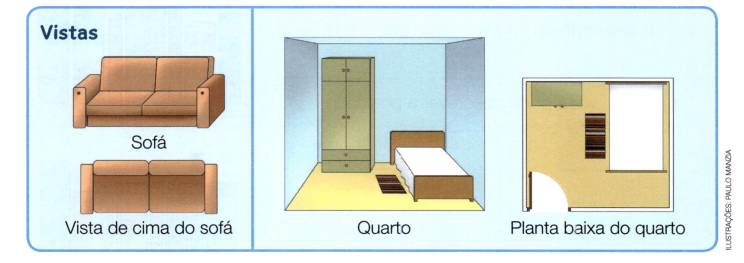

Sofá

Vista de cima do sofá

Quarto

Planta baixa do quarto

ILUSTRAÇÕES: PAULO MANZI

cinco 5

Localizando pessoas e objetos

1. Siga as dicas e descubra o nome de cada cachorro.

- Não há cachorro à esquerda de Bob.
- Não há cachorro à direita de Pingo.
- Bidu está à direita de Max.

2. No quarto de Luísa há duas prateleiras com livros.

a) Qual é o livro preferido de Luísa, sabendo que ele está na prateleira de cima, logo à esquerda do livro vermelho mais fino?

___

b) Como você pode descrever a posição do livro K?

___

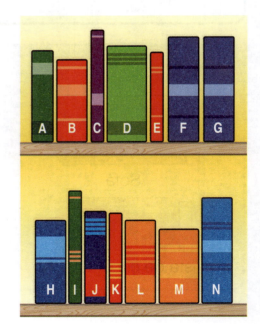

6 seis

Tema 1 | Localização

Vista de cima e planta baixa

1. Contorne a imagem que representa a vista de cima do caminhão em destaque.

2. Marque com um **X** os objetos que não estão representados na planta baixa da praça.

Praça

Planta baixa da praça

sete 7

Tema 1 | Localização

Localização na malha quadriculada

1 Observe as indicações a seguir e, na malha quadriculada, pinte os quadrinhos de acordo com o que se pede.

- Quadrinho A5 de verde
- Quadrinho D2 de azul
- Quadrinho H4 de laranja

2 Assinale com um **X** a malha quadriculada que está de acordo com as três indicações a seguir.

- ☼ nas posições A5 e H5
- ☺ nas posições B1 e B7
- ♫ nas posições E2 e E3

Unidade 1

Reprodução proibida. Art. 184 do Código Penal e Lei 9.610 de 19 de fevereiro de 1998.

8 oito

Tema 2 | Movimentação

Movimentação na malha quadriculada

1. Gustavo está na farmácia (ponto vermelho) e quer voltar para sua casa (ponto preto).

   a) Siga as instruções e desenhe sobre as linhas da malha o caminho que Gustavo fará.

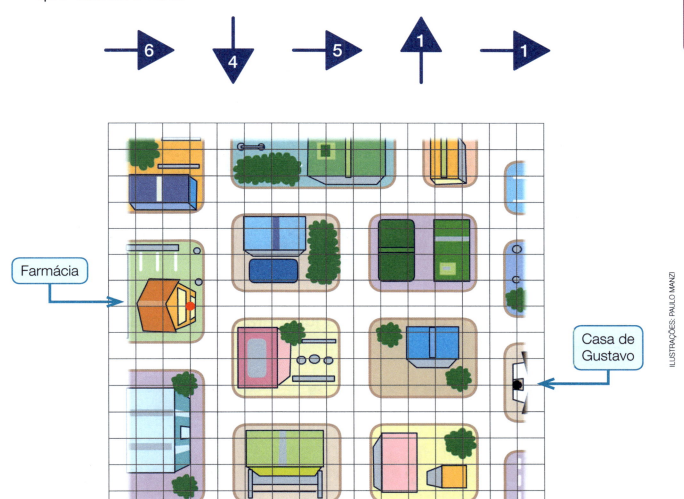

   b) Desenhe com setas numeradas as instruções de outro caminho que Gustavo poderia ter feito para ir da farmácia a sua casa.

nove 9

Tema 2 | Movimentação

Caminhos orientados

1. Leia as indicações e desenhe o caminho que Rafael fez para ir de sua casa até a quitanda.

   Rafael saiu de casa, virou à direita, seguiu em frente e entrou na 2ª rua à esquerda. Seguiu em frente, cruzou três ruas e entrou na quitanda, à direita.

2. Descreva o caminho que Valéria seguiu para ir de sua casa até a escola.

_____

_____

_____

10 dez

Compreender informações

1. Observe a lista dos 15 alunos de um curso de esportes, em ordem alfabética.

Adriano	Augusto	Mateus
Alice	Júlia	Rafael
André	Laura	Rodrigo
Antônio	Lucas	Tiago
Artur	Manuel	Vítor

- Agora, considere que um desses alunos foi sorteado. Então, marque com um **X** as frases verdadeiras.

☐ É pouco provável que o sorteado seja uma menina.

☐ É muito provável que o sorteado seja uma menina.

☐ É impossível que seja sorteado um nome que comece com N.

☐ É pouco provável que seja sorteado um nome que comece com a letra A.

2. Em uma caixa estão 8 potes de tinta guache. Um será retirado ao acaso.

Pinte os potes abaixo de cores diferentes, de maneira que cada situação descrita a seguir se confirme.

a) É muito provável que se retire um pote de tinta vermelha.

b) É pouco provável que se retire um pote de tinta vermelha.

c) É impossível que se retire um pote de tinta vermelha.

onze 11

Faixas decorativas

Complete a pintura das faixas segundo o padrão.

a)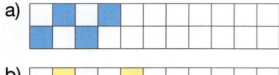

b)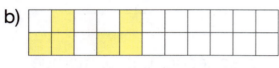

c)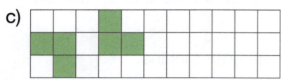

d)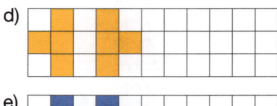

e)

Lugar certo

Leia as dicas e pinte os desenhos das carteiras conforme a legenda.

Dicas
- Cláudia se senta na 1ª carteira, à direita da carteira de Lucas.
- Laura se senta na última carteira da fileira em que Maria se senta.
- Joana se senta à esquerda da carteira de Laura, na fileira ao lado.

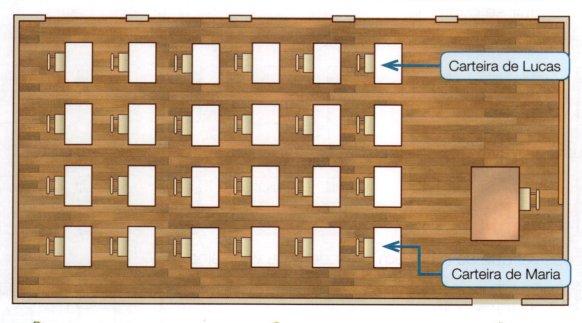

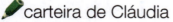 carteira de Cláudia    carteira de Laura    carteira de Joana

12 doze

Lembretes — UNIDADE 2 — Números

Dezena

1 dezena = 10 unidades

Dúzia
1 dúzia = 12 unidades

Meia dúzia
meia dúzia = 6 unidades

Mais números

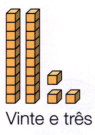
Vinte e três

D	U
2	3

23 = 20 + 3
→ 3 unidades
→ 2 dezenas ou 20 unidades

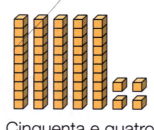
Cinquenta e quatro

D	U
5	4

54 = 50 + 4
→ 4 unidades
→ 5 dezenas ou 50 unidades

O número 100
1 centena = 10 dezenas = 100 unidades

Maior que ou menor que
240 > 132   132 < 240
240 é maior que 132   132 é menor que 240

Números de três algarismos

234 ▶ 234 = 200 + 30 + 4

C	D	U
2	3	4

→ 4 unidades
→ 3 dezenas ou 30 unidades
→ 2 centenas ou 20 dezenas ou 200 unidades

Números na forma ordinal

1º	primeiro
2º	segundo
3º	terceiro
4º	quarto
5º	quinto
6º	sexto
7º	sétimo
8º	oitavo
9º	nono
10º	décimo
11º	décimo primeiro
12º	décimo segundo
13º	décimo terceiro
14º	décimo quarto
...	...

treze 13

Dezena

1 Desenhe o que falta para completar 10 unidades.

2 Marque com um **X** os quadros que têm uma dezena de objetos.

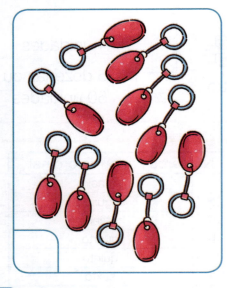 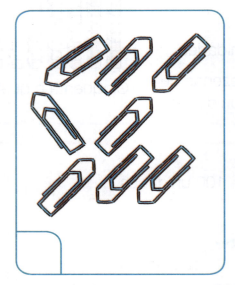 

3 Ligue cada quadro verde ao quadro azul correspondente.

11	Uma dezena e duas unidades
14	Uma dezena e cinco unidades
15	Uma dezena e uma unidade
19	Uma dezena e nove unidades
12	Uma dezena e quatro unidades

Tema 1 | Dezenas e centenas

Uma dúzia e meia dúzia

1. Conte e registre a quantidade escrevendo **uma dúzia**, **meia dúzia** ou **uma dúzia e meia**.

   a)  Nesta blusa, há quantos botões?

   _____

   b)  Há quantas embalagens de leite nesta caixa?

   _____

   c)  Nestas pilhas de latas:

   Há quantas latas verdes? _____

   Há quantas latas azuis? _____

   Quantas latas há no total? _____

2. Desenhe bolinhas coloridas na quantidade e na cor estabelecidas pela legenda a seguir.

   meia dúzia　　　　　meia dúzia　　　　　meia dúzia

   ┌───┐
   │   │
   │   │
   │   │
   └───┘

   • Agora, conte todas as bolinhas e complete.

   Desenhei _____ bolinhas.

   quinze **15**

Números na forma ordinal

1 Complete com o número que indica a posição de cada carro na fila do semáforo.

- Antes de o semáforo abrir, chegaram mais seis carros: o 9º (nono), o 10º (décimo), o 11º (décimo primeiro) e mais três. Desenhe esses carros e numere-os de acordo com a posição que cada um ocupou na fila.

2 Observe a cena e responda.

a) Quem está em primeiro lugar? _____

b) Quem está em terceiro lugar? _____

c) Fábio cruzou a linha de chegada imediatamente após a criança que ficou em 11º lugar. Qual foi a posição de Fábio nessa corrida? _____

16 dezesseis

Tema 1 | Dezenas e centenas

Mais números

1. Pinte 2 dezenas de vasos e complete as frases.

Considerando os vasos pintados e os não pintados, há, no total,

_____ dezenas e _____ unidades de vasos. Ao todo, há _____ vasos.

2. Ligue cada quadro azul ao quadro verde correspondente.

31	Uma dezena e uma unidade
21	Três dezenas e uma unidade
11	Duas dezenas e uma unidade

3. Complete a sequência em ordem crescente.

30 | _____ e um | 30 + ☐ | trinta e _____ | _____ | ___ dezenas e ___ unidades

dezessete 17

4 Conte as flores e complete a frase.

Há _____ dezenas ou _____ unidades de flores.

5 Escreva o número de dezenas que as unidades a seguir representam.

a) 30 unidades → _____ dezenas.

b) 80 unidades → _____ dezenas.

6 Leia e responda.

A mãe de Ana pagou a conta de telefone usando 1 cédula de 50 reais e 2 cédulas de 20 reais. Ela recebeu de troco 1 moeda de 1 real, 1 cédula de 2 reais e 1 cédula de 10 reais.

• Quanto a mãe de Ana pagou pela conta de telefone? _____.

Tema 1 | Dezenas e centenas

O número 100

1. Siga as dicas e complete a trilha.

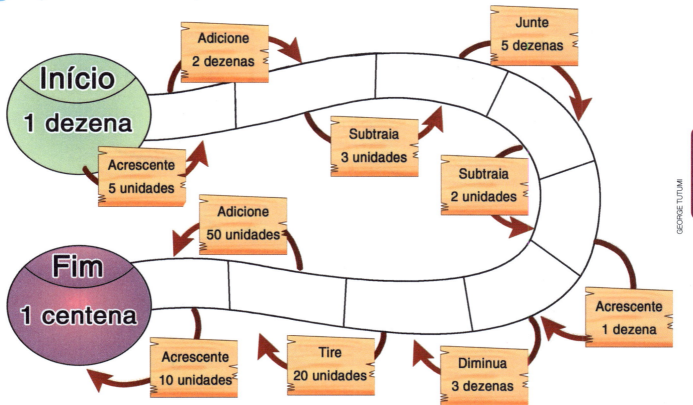

2. Leia o diálogo e responda às questões.

Mateus: Tenho 30 moedas de 1 real.

Jorge: Se eu juntar o seu dinheiro com as cédulas de 10 reais que tenho, juntos teremos 70 reais.

a) Quantas cédulas de 10 reais Jorge tem? _____

b) Quantos reais faltam para que juntos eles tenham 100 reais? _____

dezenove 19

Valor posicional

Tema 1 | Dezenas e centenas

1. Escreva com algarismos os números representados nos ábacos.

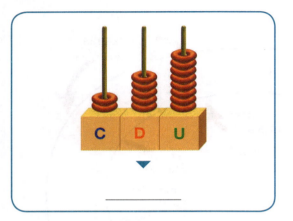

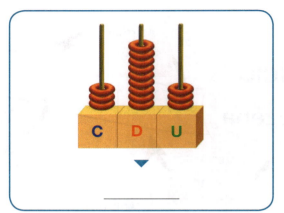

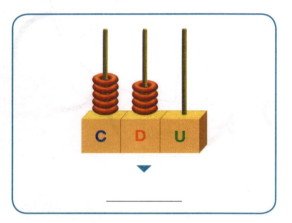

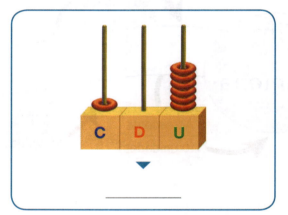

2. Escreva dois números de 3 algarismos em cada caso.

a) Números em que o algarismo 7 representa 7 unidades.

___

b) Números em que o algarismo 7 representa 7 centenas.

___

c) Números em que o algarismo 4 representa 4 dezenas.

___

d) Números em que o algarismo 9 representa 90 dezenas.

___

Tema 2 | Sistema de numeração decimal

Antecessor e sucessor

1. Complete os quadros com o antecessor e o sucessor de cada número.

a) ____ 90 ____   c) ____ 467 ____

b) ____ 173 ____   d) ____ 799 ____

2. Ligue cada fita numerada ao seu chapéu.

 154

 133

 325

 271

 333

 Sucessor de 132

 Antecessor de 334

 Antecessor de 155

 Sucessor de 324

 Antecessor de 272

vinte e um 21

Trocando dinheiro

1. Calcule a quantia total, em cada caso.

a) [10 reais] e [1 real] são _____ reais.

b) [5 reais] e [5 reais] e [1 real] são _____ reais.

c) [10 reais] e [5 reais] e [2 reais] são _____ reais.

d) [10 reais] e [5 reais] são _____ reais.

2. Ligue os quadros que têm a mesma quantia em dinheiro.

Tema 2 | Sistema de numeração decimal

Reta numérica

1. Pinte as poças de água em que o sapo pulará.

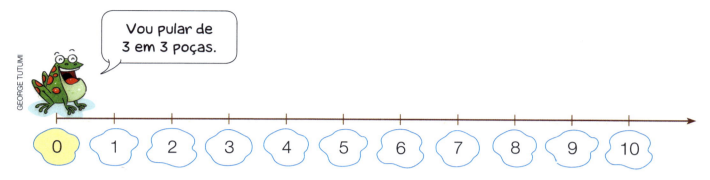

Vou pular de 3 em 3 poças.

2. Complete cada reta numérica, observando a sequência.

a)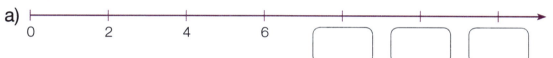

b)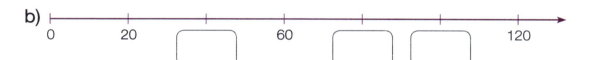

c)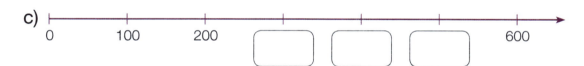

3. Complete a reta numérica com os números das fichas.

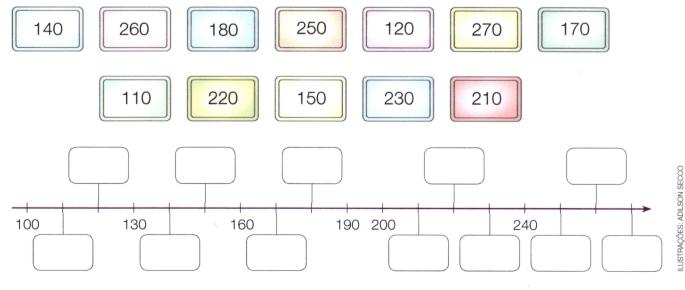

vinte e três 23

Maior que, menor que

1. Pinte o maior número em cada caso.

   a) 83   95   b) 552   556   c) 9   18   15

2. Complete com < (menor que) ou > (maior que).

   a) 75 _____ 36   b) 811 _____ 921   c) 789 _____ 900

3. Complete a reta numérica.

   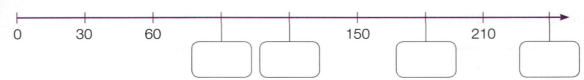

   Observando a reta numérica acima, Lucas fez uma afirmação.

   Ao representar dois números nessa reta numérica, o número maior fica à esquerda do número menor.

   - A afirmação de Lucas está correta? Por quê?

   _____

   _____

4. Complete a placa amarela com um algarismo de modo que o número formado seja maior que o número da placa verde.

   a) 14 _____   147   b) 2 _____ 0   254

vinte e quatro

Tema 2 | Sistema de numeração decimal

Arredondamentos e estimativas

1. Leia a conversa entre Clara e Joana e pinte a resposta correta de cada questão.

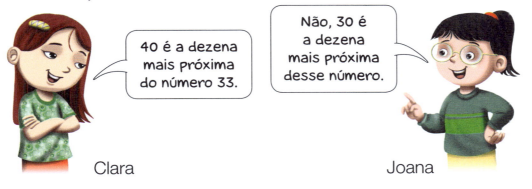

a) Quem está correta?

    Clara   Joana

b) Qual é a dezena mais próxima do número 56?

    50   60

c) E a dezena mais próxima do número 72?

    70   80

2. Cláudia e Marisa participaram de uma campanha de doação de roupas.

- Marque com **X** a quantidade aproximada de peças de roupas arrecadadas nesses dois dias.

    ☐ 600 peças   ☐ 700 peças   ☐ 800 peças

vinte e cinco 25

Compreender Informações

1 Uma loja de uniformes escolares colocou à venda duas dúzias de camisetas, duas dezenas de bermudas, 32 calças e 16 casacos.

a) Complete a tabela com a quantidade de peças de uniforme à venda.

b) Qual tipo de roupa tem mais peças para vender? _____

c) E qual tem menos? _____

Tipo de Roupa				
Quantidade				

2 Observe as anotações que a professora fez ao longo da semana.

alunos que não entregaram a lição

2ª feira ⌐
3ª feira ☑
4ª feira ☑ |
5ª feira ☑ ☐

- Para mostrar à classe a quantidade de alunos que não entregaram a lição nesses 4 dias, ela fez uma tabela. Complete a tabela da professora.

Dia da semana	Número de alunos que não entregaram a lição
2ª feira	
3ª feira	

ILUSTRAÇÕES: CARLOS ASANUMA

Reprodução proibida. Art. 184 do Código Penal e Lei 9.610 de 19 de fevereiro de 1998.

26 vinte e seis

Quebra-Cuca

A corrida

Descubra o nome de cada corredor.

Dicas

- Carlos está em 1º lugar.
- Aldo tem camiseta com número maior que 15 e menor que 25.
- Na camiseta de Vítor está um número com 3 dezenas e 8 unidades.
- Um número maior que 60 e menor que 70 está na camiseta de João.
- Pedro está em penúltimo lugar.

Portas e números

O funcionário de um hotel precisa numerar os quartos. Para isso, ele pregará nas portas algarismos feitos de metal.

- Quantos algarismos 2 serão necessários para numerar os quartos de 1 a 40?

    Serão necessários _____ algarismos 2.

vinte e sete 27

Lembretes

UNIDADE 3 — Adição e subtração

Juntar quantidades
Carlos tem 2 bolas, e Antônio tem 3 bolas. Juntos, eles têm 5 bolas.
2 mais 3 é igual a 5 ▶ 2 + 3 = 5

Acrescentar quantidades
Mário tinha 2 aviõezinhos verdes e ganhou 1 vermelho.
Agora, ele tem 3 aviõezinhos.
2 mais 1 é igual a 3 ▶ 2 + 1 = 3

Adição com mais de duas parcelas

    ▶ 4 + 1 + 2 = 7

Adição de dezenas inteiras
1 dezena + 3 dezenas = 4 dezenas ou 10 + 30 = 40

Cálculo por decomposição

Adição ▶ 23 + 18

23 ▶ 2 dezenas e 3 unidades
18 ▶ 1 dezena e 8 unidades
⎯⎯⎯⎯⎯⎯⎯⎯⎯⎯⎯⎯⎯⎯⎯⎯⎯⎯
3 dezenas e 11 unidades ou
4 dezenas e 1 unidade ou 41 unidades

23 + 18 = 41

ou

23 ▶ 20 + 3
18 ▶ 10 + 8
⎯⎯⎯⎯⎯⎯⎯
30 + 11 = 41

Cálculo com o algoritmo usual

Adição ▶ 23 + 18

D	U
1	
2	3
+ 1	8
4	1

23 + 18 = 41

Adição ▶ 31 + 16 + 86

D	U
3	1
+ 1	6
4	7

D	U
1	
4	7
+ 8	6
1 3	3

ou

D	U
1	
3	1
1	6
+ 8	6
1 3	3

31 + 16 + 86 = 133

28 vinte e oito

Tirar uma quantidade de outra

Ricardo ganhou 7 bexigas, mas 3 estouraram. Agora, ele tem 4 bexigas.

7 menos 3 é igual a 4 ▶ 7 − 3 = 4

Comparar quantidades

Lia tem 5 bonecas e Milena tem 3. Lia tem 2 bonecas a mais que Milena.

5 menos 3 é igual a 2 ▶ 5 − 3 = 2

Lia   Milena

Subtração com dezenas inteiras

8 dezenas − 2 dezenas = 6 dezenas ▶ 80 − 20 = 60

Estratégias de subtração

Subtração ▶ 45 − 23 = 22

Cálculo por decomposição

45 ▶ 40 + 5
23 ▶ − 20 + 3
         20 + 2 = 22

Cálculo com algoritmo usual

D	U
4	5
− 2	3
2	2

Estratégias de subtração

Subtração ▶ 33 − 15 = 18

Cálculo por decomposição

33 ▶ − 30 + 3 ▶ − 20 + 13
15 ▶   10 + 5 ▶   10 + 5
                      10 + 8 = 18

Cálculo com algoritmo usual

D	U
2̷3	13
− 1	5
1	8

vinte e nove 29

Juntar quantidades

1 Calcule quantos pães há ao todo nas duas cestas.

7 mais 3 é igual a _____.

`Adição` ▶ 7 + 3 = _____

Há _____ pães ao todo nas duas cestas.

2 Represente as adições com desenhos. Depois, calcule os resultados.

a) 4 + 1 ▶  ▶ 4 + 1 = _____

b) 1 + 3 ▶ ▶ 1 + 3 = _____

c) 6 + 2 + 1 ▶ ▶ 6 + 2 + 1 = _____

d) 2 + 3 + 3 ▶ ▶ 2 + 3 + 3 = _____

3 Observe e complete.

Há _____ abelhas perto da colmeia e _____ abelhas perto do pote de mel.

`Adição` ▶ _____ + _____ = _____

Há _____ flores azuis e _____ flores amarelas.

`Adição` ▶ _____ + _____ = _____

Tema 1 | Adição

Acrescentar quantidades

1. Caio tem uma coleção de motos que já conta com 5 unidades. No seu aniversário, ele ganhou mais 3. Com quantas motos Caio ficou no total?

_____ + _____ = _____

No total, Caio ficou com

_____ motos.

2. Observe e responda.

a) Paulo tinha 2 reais guardados no cofrinho. Com quantos reais Paulo ficou após ganhar 5 reais de seu pai?

_____ + _____ = _____

Paulo ficou com _____ reais.

b) Renata tinha 7 reais em sua carteira e ganhou mais 2 reais de sua mãe. Com quantos reais Renata ficou?

_____ + _____ = _____

Renata ficou com _____ reais.

trinta e um

Adição com mais de duas parcelas

1 Observe a imagem, complete com as quantidades e calcule.

mais   mais   é igual a

Adição ▶ _____ + _____ + _____ = _____

No total, há _____ bolas.

2 Melissa foi à feira com sua mãe. Lá compraram 1 mamão, 5 maçãs, 4 peras e 2 abacaxis. Quantas frutas elas compraram?

Elas compraram _____ frutas.

3 Calcule.

a) 11 + 16 + 22 = _____

b) 26 + 10 + 33 = _____

c) 42 + 34 + 20 = _____

d) 20 + 11 + 27 = _____

Tema 1 | Adição

Algumas estratégias para o cálculo da adição

1. Flávio tem 21 lápis de cor, e Guilherme tem 27. Quantos lápis de cor os dois têm juntos?

Juntos, eles têm _____ lápis de cor.

2. Heitor tinha 14 carrinhos em miniatura. No seu aniversário, ele ganhou mais 25 miniaturas. Com quantos carrinhos Heitor ficou no total?

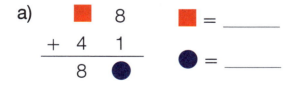

No total, Heitor ficou com _____ carrinhos.

3. Descubra que algarismos representam ■ e ● em cada adição.

a)
```
    ■ 8
+   4 1
─────────
    8 ●
```
■ = _____
● = _____

b)
```
    5 1
+   1 ■
─────────
    ● 9
```
■ = _____
● = _____

c)
```
    3 ■
+   2 5
─────────
    ● 9
```
■ = _____
● = _____

d)
```
    2 3
+   ■ 4
─────────
    8 ●
```
■ = _____
● = _____

trinta e três 33

Tema 1 | Adição

4 Ruth convidou 66 crianças e 28 adultos para a festa de seu aniversário. Quantas pessoas Ruth convidou para sua festa?

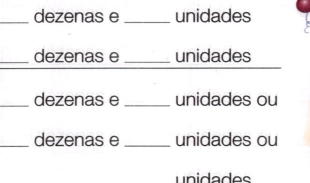

66 ▶ ⊕ _____ dezenas e _____ unidades
28 ▶ _____ dezenas e _____ unidades
_____
_____ dezenas e _____ unidades ou

_____ dezenas e _____ unidades ou

_____ unidades

66 + 28 = _____   Ruth convidou _____ pessoas.

5 Sabrina sabe que, se for ao cinema, ela gastará 19 reais com o ingresso e 28 reais com o lanche. Quanto Sabrina gastará, no total, se ela for ao cinema?

No total, Sabrina gastará _____ reais.

6 Descubra em qual árvore se encaixa o número de cada fruta, que completará a adição.

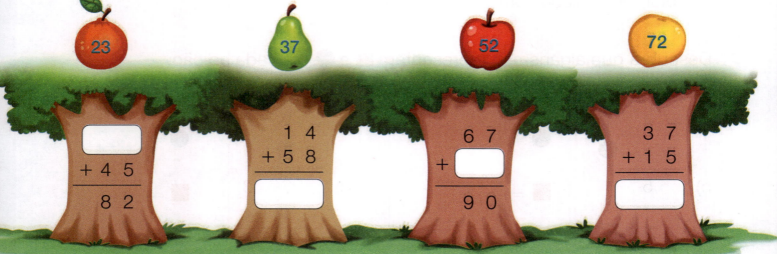

34 trinta e quatro

Tema 2 | Subtração

Tirar uma quantidade de outra

1. Observe o porta-ovos de Emanueli. Ela usará 3 ovos para fazer um bolo. Quantos ovos sobrarão?

   _____ – _____ = _____

   Sobrarão _____ ovos.

2. O colégio de Diva realizará uma campanha de doação de brinquedos. Diva tem 9 bonecas e doará 2 para a campanha. Com quantas bonecas ela ficará?

   _____ – _____ = _____

   Ela ficará com _____ bonecas.

3. Desenhe os pinos de boliche que caíram e complete com as quantidades.

   Antes

   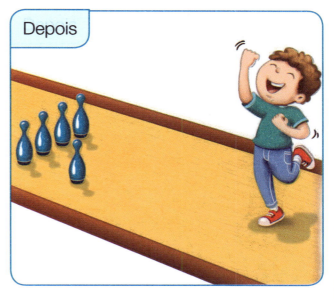

   Depois

   Havia _____ pinos em pé.

   Caíram _____ pinos.

   _____ – _____ = 5

   Sobraram _____ pinos em pé.

trinta e cinco 35

Comparar quantidades

1. Observe e responda.

"Henrique tem 1 ano a menos que eu."

"Eu tenho 3 anos a mais que Henrique."

"Eduardo tem 5 anos."

Eduardo   Bia   Henrique

a) Qual é a idade de Henrique? _____

b) Qual é a idade de Bia? _____

c) Qual é a sua idade? _____

2. Desenhe e resolva.

"Na horta de Zeca há 13 pés de alface a menos que na horta de Zefa. Desenhe a quantidade de alfaces plantadas na horta de Zeca."

- Quantos pés de alface há na horta de Zeca?

  Subtração ▶ ____ – ____ = ____

  Na horta de Zeca há ____ pés de alface.

36 trinta e seis

Tema 2 | Subtração

Algumas estratégias para o cálculo da subtração

1. Luísa quer completar seu álbum. Nele cabem 28 figurinhas, e ela já tem 12. Quantas figurinhas faltam para Luísa completar seu álbum?

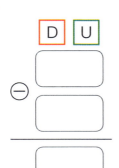

Subtração ▶ _____ − _____ = _____

Faltam _____ figurinhas para Luísa completar seu álbum.

2. Marque com **X** as subtrações realizadas corretamente.

a) 77
   − 12
   ―――
    65 ☐

b) 88
   − 25
   ―――
    63 ☐

c) 67
   − 10
   ―――
    77 ☐

d) 48
   − 36
   ―――
    14 ☐

e) 34
   − 24
   ―――
    18 ☐

f) 63
   − 52
   ―――
    11 ☐

3. Pedro tem 94 centímetros de altura e Danilo tem 66 centímetros de altura. Quantos centímetros de altura Pedro tem a mais que Danilo?

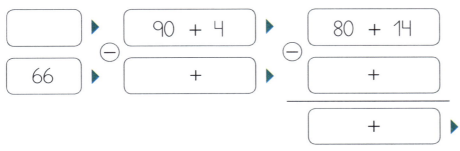

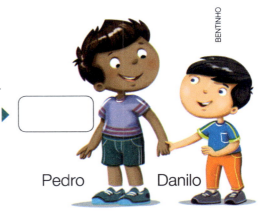

Pedro tem _____ centímetros de altura a mais que Danilo.

Pedro   Danilo

trinta e sete 37

Adição e subtração com dezenas inteiras

1) Leia, observe e complete com as quantidades.

a) Quantos sabonetes há, no total, nas duas caixas?

☐ dezenas + ☐ dezenas = ☐ dezenas

☐ + ☐ = ☐

No total, há _____ sabonetes nas duas caixas.

b) Quantos bombons há, no total, nos dois pacotes?

☐ dezenas + ☐ dezenas = ☐ dezenas

☐ + ☐ = ☐

No total, há _____ bombons nos dois pacotes.

2) Observe as embalagens e faça o que se pede.

embalagem 1

embalagem 2

- Quantos ovos a embalagem 2 tem a mais que a embalagem 1?

- ☐ dezenas − ☐ dezena = ☐ dezenas

- ☐ − ☐ = ☐

- A embalagem 2 tem _____ ovos a mais que a embalagem 1.

38 trinta e oito

Tema 2 | Subtração

Mais estratégias de cálculo

1. Descubra cada resultado usando uma estratégia de cálculo mental.

   a) 49 + 13 = _____

   b) 45 − 19 = _____

   c) 25 + 73 = _____

   d) 88 − 29 = _____

   e) 50 − 34 = _____

   f) 97 + 50 = _____

2. Veja como Guilherme resolveu mentalmente 32 − 9.

Para facilitar, eu usei o 10, no lugar do 9, então tive que acrescentar 1 para o resultado continuar o mesmo.

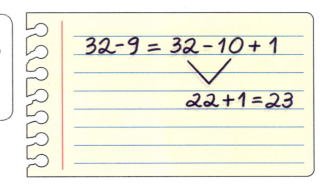

32 − 9 = 32 − 10 + 1
22 + 1 = 23

Usando essa mesma estratégia, encontre os seguintes resultados:

a) 58 − 9 = _____

b) 41 − 9 = _____

3. Veja como Juliana calculou mentalmente 28 + 16.

Para facilitar o cálculo, arredondei 28 para 30. Como tive que somar 2 ao 28, também somei 2 ao 16. Essa maneira está correta? Explique.

_____

_____

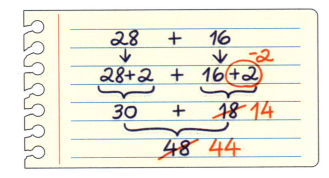

Calcule mentalmente:

a) 27 + 15 = _____

b) 48 + 15 = _____

Tema 2 | Subtração

Sequências

1 Cada uma das sequências abaixo tem um padrão. Encontre o padrão de cada uma e escreva-os.

a) 45 53 61 69 77 _____

b) 123 103 83 63 43 _____

c) 85 90 95 100 105 _____

2 Observe as sequências, descubra o padrão e complete os espaços.

a) 7 | 27 | 47 | 67 | 87 | | |

b) 50 | 46 | 42 | 38 | 34 | | |

c) 12 | 24 | 36 | | | 72 | 84 | 96

3 Crie uma sequência a partir do número 200, usando um padrão à sua escolha.

200							

- Agora, mostre a sequência a um colega e veja se ele encontra o padrão.

40 quarenta

Compreender Informações

Viviane fez uma pesquisa sobre as cores preferidas de alguns de seus amigos e registrou-as em um gráfico de colunas. Cada amigo votou em uma única cor. Observe o gráfico e responda.

a) Quantos amigos de Viviane participaram da pesquisa?

_____

b) Qual é a cor preferida da maioria dos amigos de Viviane que participaram da pesquisa? _____

Quebra-Cuca

As amigas Isabel, Clara, Júlia e Mariana ganharam uma caixa de bombons cada uma.

Leia as dicas e descubra quem ganhou cada caixa.

- Isabel ganhou 3 bombons a menos que Clara.
- Mariana ganhou mais bombons que as outras amigas.

_____ _____ _____ _____

quarenta e um 41

Lembretes — Unidade 4 — Geometria

Cubos
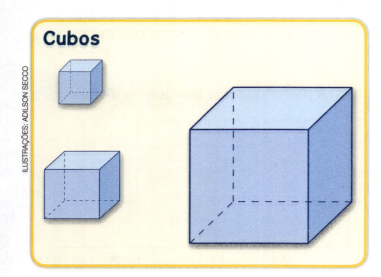

Paralelepípedos
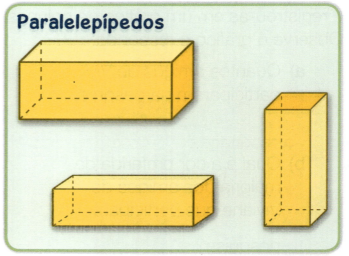

Pirâmides
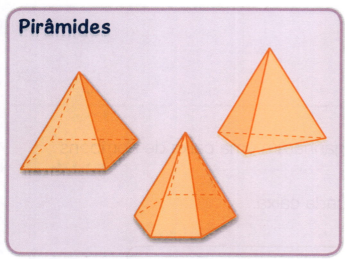

Cilindros
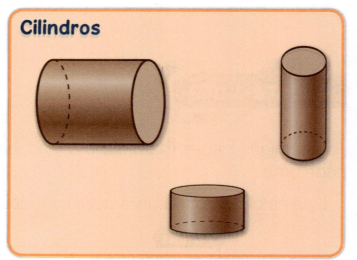

Esferas
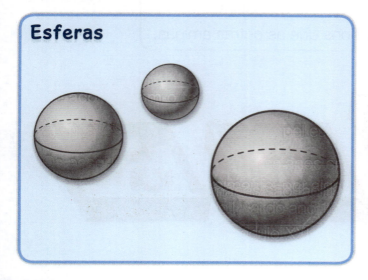

Cones
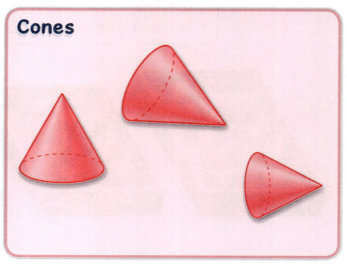

42 quarenta e dois

Tema 1 | Figuras geométricas não planas

Estudo de superfícies

1. Complete o quadro.

	🟢	🔺	🟨	🟥	🟠	🟧
Tem forma arredondada	X					
Não tem forma arredondada						

2. Observe a cena e responda às questões.

a) Quais objetos sobre a mesa lembram figuras arredondadas?

_____

_____

b) E quais objetos lembram figuras não arredondadas?

_____

_____

quarenta e três 43

Cubos, paralelepípedos e pirâmides

1. Marque, em cada linha, os objetos que lembram a figura geométrica não plana nomeada.

2. Quantos cubos há em cada empilhamento?

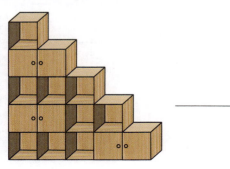

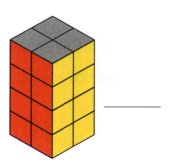

Tema 1 | Figuras geométricas não planas

Cones, cilindros e esferas

1. Marque apenas os objetos que lembram um cone.

2. Observe os objetos a seguir.

1	2	3	4	5	6

a) Agora, escreva os números dos objetos acima que possuem a forma indicada a seguir

CILINDROS	ESFERAS

b) Algum dos objetos não foi considerado na tabela anterior? Por quê?

_____

3. Na figura em destaque, temos a planificação de uma caixa que lembra um paralelepípedo. Qual das demais planificações você acredita que corresponda a uma caixa em forma de cone?

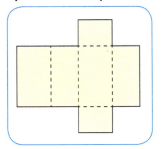 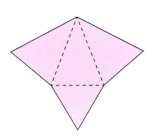 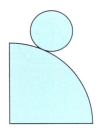 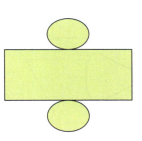 

quarenta e cinco **45**

Tema 1 | Figuras geométricas não planas

Semelhanças e diferenças

1. Observe as figuras.

- Agora, encontre o nome de cada figura no quadro de letras abaixo.

X	P	I	R	Â	M	I	D	E	P	L	O	P	B
A	E	S	F	E	R	A	U	M	O	B	L	E	T
C	U	J	A	E	Z	V	O	P	V	U	C	C	A
O	C	E	R	C	G	O	B	N	A	N	O	B	U
N	A	C	V	I	M	U	L	O	H	A	N	G	A
P	A	R	A	L	E	L	E	P	Í	P	E	D	O
L	R	E	T	I	F	V	O	F	O	L	O	P	V
I	Â	D	F	N	L	M	E	R	E	D	Â	S	Z
N	R	P	L	D	U	G	V	E	P	L	I	N	O
E	U	L	I	R	M	A	C	B	E	U	J	I	H
O	N	B	A	O	A	D	R	F	H	C	U	B	O

2. Pinte cada figura de acordo com a legenda.

🖍 ▶ cubo   🖍 ▶ cone   🖍 ▶ cilindro

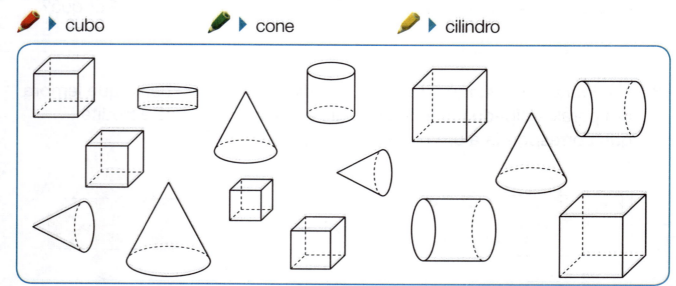

46 quarenta e seis

Características das figuras geométricas planas

Tema 2 | Figuras geométricas planas

1. Algumas figuras planas foram agrupadas por terem algo em comum. Aponte, em cada caso, como foi feito o agrupamento:

a)

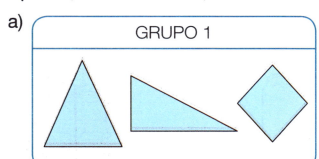
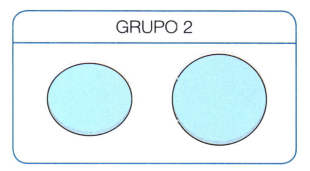

_____

_____

b)

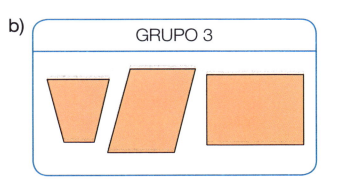
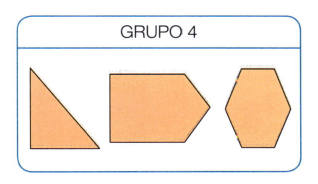

_____

_____

2. A planificação de um paralelepípedo é a seguinte:

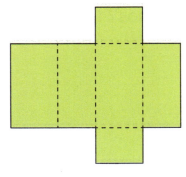

a) Quais figuras planas aparecem nessa planificação?
_____

b) E se fosse a planificação de um cubo, quais figuras planas teríamos? _____

quarenta e sete 47

Compreender Informações

1 Uma escola fez uma campanha de arrecadação de latas de alumínio e de agasalhos. Veja na tabela quanto duas turmas de alunos arrecadaram.

ARRECADAÇÃO

Tipo de arrecadação / Turma	Latas	Agasalhos
A	182	55
B	98	26

Fonte: Professora das turmas *A* e *B*

ILUSTRAÇÕES: CARLOS ASANUMA

Responda:

a) Qual das turmas arrecadou mais latas? _____

b) Ao todo, foram arrecadados mais ou menos do que 200 latas? Como você chegou ao resultado?

_____

_____

c) Ao todo, foram arrecadados mais ou menos do que 100 agasalhos? Como você calculou a resposta?

_____

_____

d) Ao todo, foram arrecadados mais latas ou mais agasalhos? Como você pensou para responder?

_____

_____

_____

48 quarenta e oito

Figuras lógicas

Leia as dicas e descubra qual é o esporte que cada criança pratica.

 Dicas

- Carina não gosta de esportes individuais.
- João não gosta de esportes aquáticos.
- Vítor compete descalço.
- Ana adorou o quimono novo que ganhou de sua mãe.

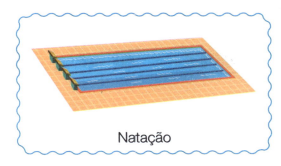
Natação

Futebol

Judô

Tênis

Lembretes — UNIDADE 5 — Multiplicação

Situações de multiplicação
Quantas peras há nos pratos?

Adição ▸ 2 + 2 + 2 = 6

Multiplicação ▸ 3 × 2 = 6

Disposição retangular
Quantos doces há na bandeja?

Multiplicação ▸ 4 × 5 = 20

Proporcionalidade
Um carrinho tem 4 rodas.   Multiplicação ▸ 1 × 4 = 4

Dois carrinhos têm 8 rodas.   Multiplicação ▸ 2 × 4 = 8

Três carrinhos têm 12 rodas.   Multiplicação ▸ 3 × 4 = 12

2 vezes ou o dobro
Multiplicação ▸ 2 × 6 = 12

3 vezes ou o triplo
Multiplicação ▸ 3 × 5 = 15

4 vezes
Multiplicação ▸ 4 × 3 = 12

5 vezes
Multiplicação ▸ 5 × 2 = 10

Cinquenta

Situações de multiplicação

Tema 1 | Algumas ideias de multiplicação

1. Observe a ilustração e faça o que se pede.

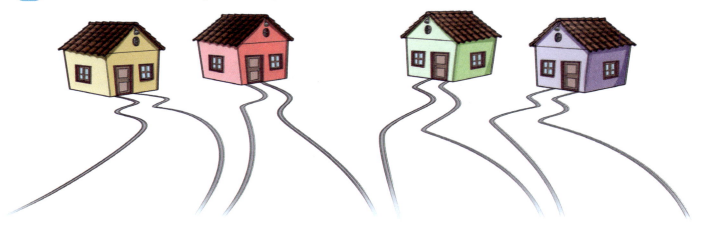

a) Em cada casa moram 3 crianças. Desenhe as crianças de cada casa.

b) No total, quantas crianças moram nessas 4 casas?

Moram _____ crianças no total.

2. Observe os pés de alface que Hortalino plantou em sua horta e responda.

Quantos pés de alface Hortalino plantou?

Hortalino plantou _____ pés de alface.

3. Complete a tabela com o preço dos carrinhos.

Carrinhos	Preço
2 carrinhos	4 reais
5 carrinhos	
8 carrinhos	
11 carrinhos	

Cinquenta e um 51

4 Leia os quadrinhos e complete a frase.

Com 5 carretéis de linha é possível costurar _____ camisetas.

5 Ligue cada multiplicação à figura correspondente.

2 × 6 = 12

1 × 8 = 8

3 × 5 = 15

4 × 4 = 16

5 × 5 = 25

Registro da multiplicação

Tema 1 | Algumas ideias de multiplicação

1) Responda às questões.

a) Quantos quadradinhos são azuis?

_____ × _____ = _____

b) Quantos quadradinhos são verdes?

_____ × _____ = _____

c) Quantos quadradinhos são laranja?

_____ × _____ = _____

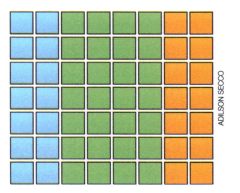

d) No total, há quantos quadradinhos coloridos?

_____ × _____ = _____

2) Observe a ilustração e calcule o preço em cada caso.

a) 4 borrachas ▶ _____ reais.

b) 6 borrachas ▶ _____ reais.

3) Calcule o total de ladrilhos fazendo uma multiplicação.

a)

_____ × _____ = _____

No total, há _____ ladrilhos.

b)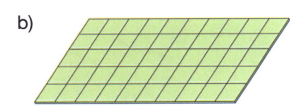

_____ × _____ = _____

No total, há _____ ladrilhos.

Cinquenta e três 53

Tema 1 | Algumas ideias da multiplicação

4 Complete.

a) 4 + 4 = _____ × _____ = _____

b) 6 + 6 + 6 = _____ × _____ = _____

c) 2 + 2 + 2 + 2 = _____ × _____ = _____

d) 5 + 5 + 5 = _____ × _____ = _____

5 Calcule o total em cada caso escrevendo uma adição e uma multiplicação.

a) Carolina vai fazer uma fornada de bolinhos com as formas ao lado. Quantos bolinhos ela pode fazer nessa fornada?

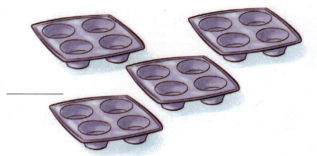

__4__ + _____ + _____ + _____ = _____

_____ × _____ = _____

Ela pode fazer _____ bolinhos nessa fornada.

b) Denise comprou 3 pacotes de biscoitos como o representado ao lado. Quantos biscoitos ela comprou?

_____ + _____ + _____ = _____

_____ × _____ = _____

Ela comprou _____ biscoitos.

c) Rubens comprou 2 pacotes de fraldas descartáveis para seu filho recém-nascido. Cada pacote contém 32 fraldas. Quantas fraldas, ao todo, Rubens comprou?

_____ + _____ = _____

_____ × _____ = _____

Ao todo, Rubens comprou _____ fraldas.

Tema 2 | Mais multiplicações

2 vezes ou o dobro

1. Observe as garrafas e complete.

__2__ × _____ = _____.

Há _____ garrafas.

2. Complete o quadro.

Figura	Quantidade	Dobro
(vaso)	1	
(flores)	2	
(maçãs)	3	
(bananas)	4	
(morangos)	5	

3. Nina e João são irmãos. Nina tem 8 anos. João tem o dobro da idade de Nina. Qual é a idade de João?

A idade de João é _____ anos.

Cinquenta e cinco 55

3 vezes ou o triplo

1 Pinte para formar o triplo da quantidade de figuras já pintadas e complete.

O triplo de 4 é _____.

2 Camila levou para a escola 2 livros e 5 canetas. Renata levou o triplo de livros e o dobro de canetas que Camila levou.

Quantos livros e canetas Renata levou para a escola no total?

Material de Camila

No total, Renata levou _____ livros e _____ canetas.

3 Calcule.

a) O triplo de 5.

_____ × _____ = _____

b) O triplo de 1.

_____ × _____ = _____

c) O triplo de 7.

_____ × _____ = _____

d) O triplo de 8.

_____ × _____ = _____

e) O triplo de 6.

_____ × _____ = _____

f) O triplo de 9.

_____ × _____ = _____

Cinquenta e seis

Tema 2 | Mais multiplicações

Completando sequências

1. Complete as sequências abaixo e depois descubra multiplicações cujos resultados sejam os números da sequência.

6	12	18	24						

6 × 1	6 × 2								6 × 10

2. Observe os cálculos indicados a seguir e depois faça o que se pede.

5 × 2   4 × 5   5 × 7   10 × 5   5 × 3

5 × 9   8 × 5   6 × 5   5 × 5   5 × 1

a) No quadro abaixo, pinte os números que são resultados das multiplicações indicadas.

1	2	3	4	5	6	7	8	9	10
11	12	13	14	15	16	17	18	19	20
21	22	23	24	25	26	27	28	29	30
31	32	33	34	35	36	37	38	39	40
41	42	43	44	45	46	47	48	49	50

b) O que você acha que os números de cada coluna que você pintou têm em comum?

_____

_____

3. Observe abaixo a sequência de quadrinhos. Ela segue uma lógica. Complete os próximos elementos dessa sequência:

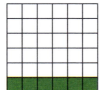  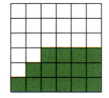 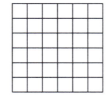  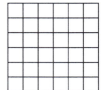

Cinquenta e sete

4 vezes

1. Calcule o número de potes de iogurte de cada sabor.

a)

_____ × _____ = _____

Há _____ iogurtes de abacaxi.

b)

_____ × _____ = _____

Há _____ iogurtes de morango.

2. Leia e responda às questões.

Laura comprou 4 pacotes de macarrão no mercado.

a) Quantos reais Laura gastou?

Laura gastou _____ reais.

b) Se Laura pagou a compra com uma cédula de 10 reais, quantos reais sobraram?

Sobraram _____ reais.

3. Calcule.

a) 4 × 1 = _____
b) 4 × 2 = _____
c) 4 × 3 = _____
d) 4 × 4 = _____

e) 4 × 5 = _____
f) 4 × 6 = _____
g) 4 × 7 = _____
h) 4 × 8 = _____

Tema 2 | Mais multiplicações

5 vezes

1. Observe as figuras e complete.

   a)

   __5__ × _____ = _____

   Há _____ copos.

   b)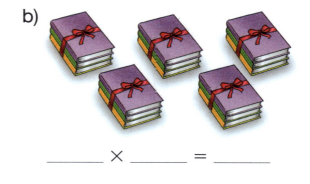

   _____ × _____ = _____

   Há _____ livros.

2. Pinte as multiplicações de acordo com a legenda.

   🖍 Resultado 35

   🖍 Resultado 10

   🖍 Resultado 45

5 × 7	5 × 6	5 × 1
5 × 5	5 × 8	5 × 3
5 × 2	5 × 4	5 × 9

3. Leia, observe a imagem e responda.
   Bernardo foi a uma loja de brinquedos comprar 4 embalagens de massinha.

   a) Quantas massinhas tem cada embalagem?

   _____

   b) Se Bernardo comprou 4 embalagens, quantas massinhas ele comprou no total? _____

   c) Se Bernardo tivesse comprado 5 embalagens, quantas massinhas ele teria comprado no total?

   _____

Cinquenta e nove 59

Compreender Informações

Para realizar o "Jogo das multiplicações", a professora numerou 6 cartas da maneira a seguir e colocou-as em um envelope.

Ela sorteará duas cartas quaisquer e pedirá a um aluno que calcule o resultado da multiplicação desses números.

De posse dessas informações, responda às questões.

a) É possível encontrar o resultado 10? _____

b) É possível encontrar um resultado maior que 30?

_____

Quebra-Cuca

Calcule e depois pinte o desenho com a cor indicada para cada resultado.

2 × 5 = ☐

4 × 2 = ☐

5 × 7 = ☐

3 × 8 = ☐

5 × 4 = ☐

4 × 8 = ☐

60 Sessenta

Lembretes

UNIDADE 6 — Grandezas e medidas

Medidas não padronizadas

César pode medir o comprimento de uma carteira de várias maneiras.

A **unidade de medida** que ele está usando é o **palmo** dele.

Metro

Para medir a altura de um muro, podemos usar o **metro** como unidade de medida, a qual indicamos por **m**.

Centímetro e milímetro

O comprimento do giz de cera pode ser medido em **centímetro**, o qual indicamos por **cm**.

A ponta do lápis pode ser medida em **milímetro**, o qual indicamos por **mm**.

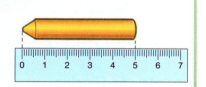

Hora, dia, semana e ano

3 horas

- O período de 24 horas é chamado dia.
- O período de 7 dias é chamado semana.
- O período de 12 meses é chamado ano.

Quilograma e grama

A massa das batatas pode ser medida com a unidade **quilograma**, que indicamos por **kg**.

A massa de pimenta do reino pode ser medida com a unidade **grama**, a qual indicamos por **g**.

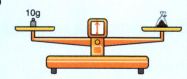

Litro e mililitro

A capacidade da garrafa de refrigerante pode ser medida com a unidade **litro**, que indicamos por **L**.

A capacidade da lata de refrigerante pode ser medida com a unidade **mililitro**, a qual indicamos por **mL**.

Sessenta e um 61

Unidades não padronizadas

1. Observe os meninos medindo o comprimento de sua carteira da escola. Todas as carteiras têm o mesmo tamanho. Marque com um **X** as alternativas corretas.

João mediu assim.

Pedro mediu assim.

☐ O lápis de João é menor que a caneta de Pedro.

☐ O lápis de João é maior que a caneta de Pedro.

☐ A medida do comprimento da carteira é de 4 canetas.

☐ A carteira tem o comprimento de 5 lápis.

2. Complete com as palavras palmos, passos ou polegares.

a) É melhor medir a distância da entrada da escola até a classe com _____.

b) É melhor medir a largura da carteira escolar com _____.

c) É melhor medir o comprimento de seu lápis com _____.

3. Meça usando a unidade de medida indicada em cada caso e complete.

a) O comprimento do meu lápis mede _____ polegares.

b) O comprimento do meu braço mede _____ palmos.

62 Sessenta e dois

Tema 1 | Medidas de comprimento

O centímetro

1. Observe e complete.

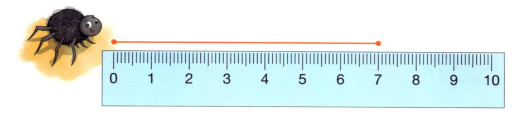

A aranha vai caminhar até o fim da linha laranja.

Ela vai andar _____ centímetros.

2. Use uma régua para medir o comprimento dos objetos e complete.

A caixa de giz tem _____ cm de comprimento.

O porta-moedas tem _____ cm de comprimento.

3. Meça o comprimento dos desenhos das cobras com uma régua e pinte a que tem 10 centímetros de comprimento.

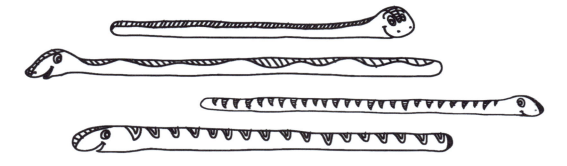

Sessenta e três 63

O metro

1. Ligue cada fio da esquerda a um fio da direita para formar 1 metro.

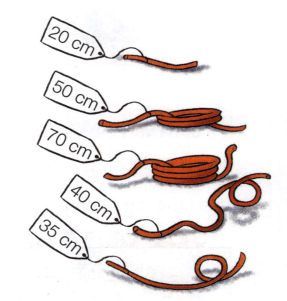

2. Complete com a unidade adequada: metro ou centímetro.

   a) A altura do prédio onde moro é 25 _____.

   b) A gaveta do meu armário tem largura de 40 _____.

   c) A altura da parede de minha casa é 3 _____.

   d) Priscila tem 1 _____ e 52 _____ de altura.

   e) Uma baleia-azul pode atingir 30 _____ de comprimento.

3. Complete.

   a) 142 cm = __100__ cm + __42__ cm ou __1__ m e __42__ cm

   b) 106 cm = _____ cm + _____ cm ou _____ m e _____ cm

   c) 156 cm = _____ cm + _____ cm ou _____ m e _____ cm

   d) _____ cm = _____ cm + _____ cm ou 2 m e __21__ cm

   e) 356 cm = _____ cm + _____ cm ou _____ m e _____ cm

Tema 1 | Medidas de comprimento

O milímetro

1. Alguns objetos apresentam uma espessura que pode ser expressa em milímetros.

Tapete de borracha

Cartolina

Folha de caderno

Prateleira

Escreva os nomes dos objetos em ordem crescente de medida de espessura.

_____

_____

2. A medida do comprimento de um lápis pode ser expressa em centímetros e a medida do comprimento da ponta desse lápis pode ser expressa em milímetros.

Observe os objetos a seguir e escreva qual parte pode ser expressa por cada uma das unidades indicadas.

(As ilustrações são apenas representativas e não estão na escala real de tamanho.)

	Metro	Centímetro	Milímetro
Mesa de vidro			
Rolo de papel toalha			
Corda para pular			

Sessenta e cinco 65

O grama e o quilograma

1. Observe e responda.

a) Qual é a diferença da medida da massa do pacote de cimento e a da massa do pacote de sabão em pó? _____

b) Quantos quilogramas os pacotes de batata e de laranja têm juntos?

_____

c) Quais desses pacotes têm juntos exatamente 20 kg?

_____
_____

2. A balança da ilustração a seguir está equilibrada. Compare a massa da caixa de cereal com a massa dos pacotes de biscoito e responda.

a) Cinco pacotes de biscoito têm juntos _____ g.

b) Quantos gramas tem cada pacote de biscoito? _____ g.

c) A caixa de cereal e os pacotes de biscoito têm juntos _____ g.

66 Sessenta e seis

Tema 2 | Medidas de massa e de capacidade

O litro e o mililitro

1. Pinte os produtos que são vendidos em litro.

2. Lucas colocou suco em algumas jarras. Cada uma tem capacidade para 1 litro.

   Ligue cada situação à quantidade de suco correta.

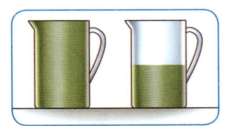  

   1 litro   Menos de 1 litro   Mais de 1 litro

3. Você conhece algum produto que é vendido em mililitro? Dê exemplos.

   _____
   _____

Sessenta e sete 67

Horas

1. Observe e complete.

Desde que Carlos acordou até o momento em que ele chegou à escola passaram-se _____ horas.

2. Desenhe os ponteiros nos relógios abaixo de acordo com as horas que eles devem marcar.

a)  Após 3 horas

b) Após 3 horas

c)  Após 3 horas

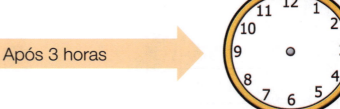

68 Sessenta e oito

Tema 3 | Medidas de tempo

Dias

1. Leia o que Mário está dizendo e complete as frases.

a) De segunda-feira a sábado, Mário estuda _____ horas por dia.

b) Nesses seis dias, Mário estuda _____ horas no total.

Essas horas correspondem a _____ dias.

2. Observe e responda.

Laura

a) Quantas horas Laura gastou para fazer sua pesquisa sobre borboletas?

_____

b) Se Laura tivesse gastado 72 horas, a pesquisa teria demorado quantos dias? _____

Sessenta e nove 69

Semanas

1) Observe o calendário e complete.

a) Gina fará aniversário na segunda quinta-feira de julho, que será dia _____.

b) Seu primo Fernando viajará na última terça-feira de julho, que será dia _____.

2) Complete.

a) Se hoje é terça-feira, dia 5, amanhã será _____, dia _____, e ontem foi _____, dia _____.

b) Se dia 15 do mês passado foi uma quinta-feira, dia 18 do mesmo mês foi um _____.

3) Guilherme pratica natação às terças-feiras e às quintas-feiras.

Na semana passada, a terça-feira foi dia 21.

Que dia foi a quinta-feira da semana passada? _____

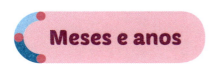

Tema 3 | Medidas de tempo

Meses e anos

1. Resolva os problemas.

   a) Angelina vai fazer um curso que durará um ano e meio. Quantos meses durará o curso de Angelina? _____

   b) Alexandre nasceu há 24 meses. Quantos anos de idade Alexandre tem? _____

2. Observe o calendário e complete.

   a) Quais são os meses que têm exatamente 30 dias?
   _____

   b) Qual é o mês que tem menos de 30 dias?
   _____

   c) Quais são os meses que têm 31 dias?
   _____

Setenta e um 71

Tema 4 | Sistema monetário

Cédulas do real

1 Observe a vitrine de uma loja de roupas.

- Agora, responda.

    a) Quantas cédulas de 10 reais você precisa para comprar uma camiseta e uma bermuda? _____

    b) Quantas cédulas de 5 reais você precisa para comprar um par de meias? _____

    c) Se você tiver 1 cédula de 50 reais, o que poderá comprar dessa vitrine? _____

2 Veja o dinheiro que cada amigo tem.

a) Quem tem mais cédulas? _____

b) Quem tem a maior quantia em reais? _____

c) É possível ter a mesma quantidade de cédulas e quantias diferentes? _____

Compreender Informações

A escola programou um torneio esportivo que ocorrerá de quinta-feira até domingo.

- Veja a explicação do professor de educação física e complete a tabela.

"No primeiro dia, serão 5 partidas de cada modalidade. Na sexta-feira serão 3 partidas de vôlei, no sábado serão 2 partidas de vôlei e depois não haverá mais partida de vôlei. As partidas de basquete serão distribuídas da mesma maneira que as de vôlei. O futebol, na sexta-feira, terá o mesmo número de partidas do primeiro dia. No sábado serão 3 partidas e, no domingo, serão 2."

Número de partidas no torneio esportivo

Dia / Modalidade	Quinta-feira	Sexta-feira	Sábado	Domingo
Futebol				
Vôlei				
Basquete				

Fonte: Professor de educação física.

a) Quantas partidas, no total, haverá na quinta-feira? _____

b) Em qual dia haverá mais partidas de vôlei? _____

c) Em algum dia não haverá partidas de alguma das modalidades? Qual ou quais? _____

d) Em que dia haverá menos partidas, ao todo? _____

Setenta e três

Quebra-Cuca

A lesma e o muro

Lesmilda está no chão e começa a subir um muro. De dia, ela sobe 4 metros, mas à noite, quando dorme, ela escorrega 3 metros. Se o muro tem 12 metros de altura, em que dia Lesmilda chegará ao topo? Marque com **X** a resposta certa.

 8º dia.   9º dia.   10º dia.

Enchendo garrafas

Sônia tem alguns recipientes vazios e quer enchê-los com a água das garrafas abaixo.

Ligue as garrafas necessárias para encher cada recipiente.

Recipientes vazios

10 ℓ   5 ℓ   8 ℓ

2 ℓ   2 ℓ   3 ℓ   2 ℓ   2 ℓ   3 ℓ   3 ℓ   6 ℓ

Lembretes

UNIDADE 7 — Operando com números naturais

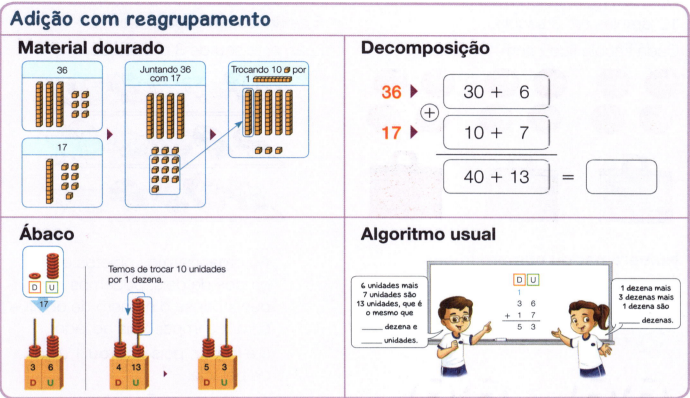

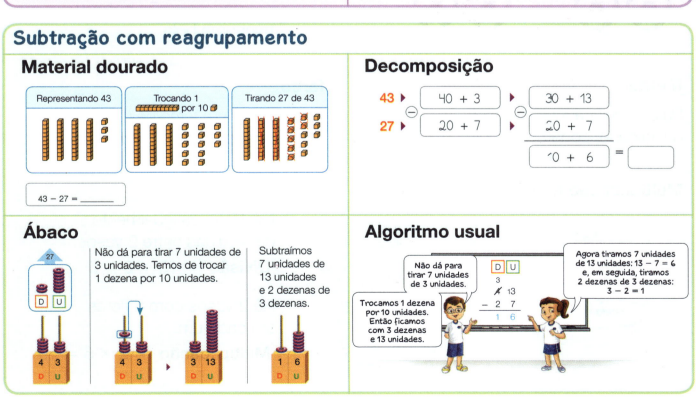

Setenta e cinco 75

Divisão

Distribuição

Carmem repartiu igualmente 12 laranjas em 3 sacolas.

Cada sacola ficou com 4 laranjas.

Quantas vezes cabe

Luan tem 15 carrinhos e colocou 5 carrinhos em cada prateleira.

Luan precisou de 3 prateleiras.

Número par ou número ímpar

Ao organizarmos objetos em grupos de dois, podemos descobrir se o número de objetos é par ou ímpar. Veja ao lado!

5 é **ímpar**, pois **sobrou** 1 urso de pelúcia.

4 é **par**, pois **não sobrou** nenhuma bola.

Metade

Para calcular a metade de uma quantidade, podemos dividi-la por 2.

Terço

Para calcular um terço de uma quantidade, podemos dividi-la por 3.

Multiplicação e divisão

Há 10 flores igualmente distribuídas entre 2 vasos.

Divisão ▶ 10 ÷ 2 = 5

Há 2 vasos com 5 flores em cada um.

Multiplicação ▶ 2 × 5 = 10

Tema 1 | Adição e subtração

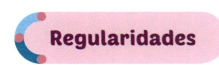
Regularidades

1 Calcule o resultado de cada operação para completar a sequência.

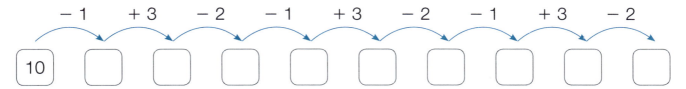

Converse com seus colegas sobre a sequência que foi construída com o resultado de cada operação. O que se observa?

_____

_____

2 Observe as seguintes operações e seus resultados:

| 41 + 12 = 53 | 44 − 21 = 23 | 55 + 19 = 74 |
| 53 − 41 = 12 | 44 − 23 = 21 | 74 − 19 = 55 |

- Agora, responda.

   a) Observando a 1ª coluna, qual é o resultado de 53 − 12? _____

   b) Observando a 2ª coluna, qual é o resultado de 23 + 21? _____

   c) Observando a 3ª coluna, qual é o resultado de 74 − 55? _____

3 Para cada caso, encontre uma adição ou uma subtração que tenha o resultado indicado:

_____ = 10   _____ = 12   _____ = 15

_____ = 1   _____ = 5   _____ = 2

_____ = 100   _____ = 8   _____ = 4

Setenta e sete **77**

Adição com reagrupamento

1. Felipe tinha 38 reais. No seu aniversário, ganhou 25 reais de seu tio. Com quantos reais ele ficou? Complete o desenho para chegar à resposta.

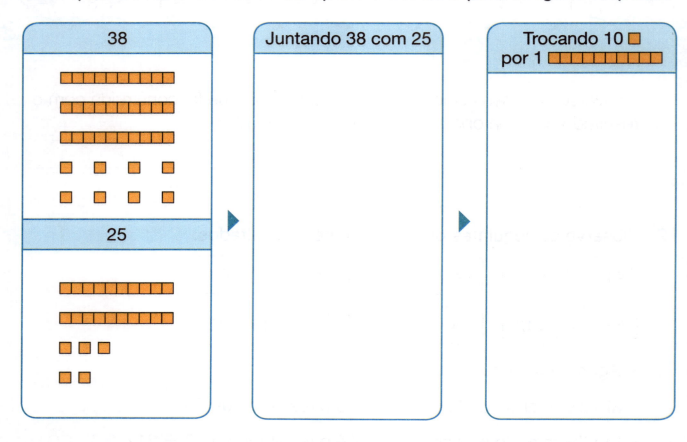

38 + 25 = _____   Felipe ficou com _____ reais.

2. Marcos fez uma prova. Ele acertou 38 questões e errou 12. Quantas questões havia na prova no total?

No total, havia _____ questões na prova.

Tema 1 | Adição e subtração

Subtração com reagrupamento

1. Complete a subtração 44 − 26 no ábaco.

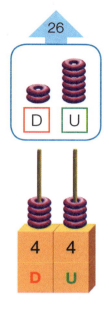

Não dá para tirar 6 unidades de 4 unidades. Temos de trocar 1 dezena por 10 unidades.

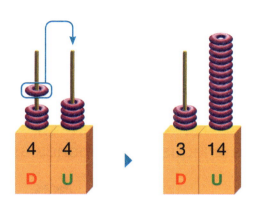

44 − 26

2. Raquel fez 96 brigadeiros para a festa de aniversário de seu filho. Sobraram 28. Quantos brigadeiros foram consumidos?

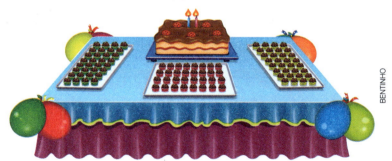

Foram consumidos _____ brigadeiros.

3. Responda às questões.

a) Dona Juliana tem 72 anos, e Caio tem 37 anos a menos que ela. Qual é a idade de Caio? _____

b) Qual seria a idade de Caio se Dona Juliana tivesse 77 anos e a diferença de idade entre eles fosse de 48 anos? _____

Setenta e nove 79

Tema 1 | Adição e subtração

Problemas com duas operações

1. Em uma festa de aniversário, havia 22 meninos e 36 meninas. Foram comprados 79 apitos, e cada criança ganhou 1 apito.

   a) Quantas crianças havia na festa?

   _____

   b) Quantos apitos sobraram?

   _____

2. Observe o preço de cada brinquedo e responda às questões.

   a) Qual é a diferença entre o preço da boneca e o da casa de bonecas?

   _____

   b) José tem 26 reais. Quantos reais faltam para ele comprar o quebra-cabeça?

   _____

   c) Quanto Fernanda vai gastar se comprar o urso de pelúcia e a boneca?

   _____

Oitenta

Multiplicação

Tema 2 | Multiplicação e divisão

1. Mariana é psicóloga e atende pacientes em seu consultório. Leia as falas de Mariana e encontre as respostas.

    a)

    Hoje atendi 4 pacientes em cada período (manhã, tarde e noite). Quantos pacientes atendi hoje?

    __4__ + _____ + _____ = _____   _____ × _____ = _____

    Mariana atendeu _____ pacientes hoje.

    b)

    Amanhã atenderei 5 pacientes pela manhã e 5 pacientes à noite. Quantos pacientes atenderei ao todo amanhã?

    __5__ + _____ = _____   _____ × _____ = _____

    Mariana atenderá _____ pacientes amanhã.

2. Em um parque há 3 passeadores de cães, cada um com 5 cães.

    a) Como podemos calcular o total de patas dos cães de cada passeador?

    b) Como podemos calcular o total de patas de todos os cães juntos?

Oitenta e um 81

Distribuição

1) Em cada situação, os objetos devem ser distribuídos igualmente entre as crianças.

a)

Há _____ camisetas e _____ crianças.

Cada criança ficará com _____ camisetas.

b)

Há _____ bombons e _____ crianças.

Cada criança ficará com _____ bombons.

2) André tem 18 bolinhas e quer dividi-las em saquinhos com quantidades iguais.

Em cada item, escreva quantas bolinhas cada saquinho deverá ter.

a) Se André usar 2 saquinhos, cada um deverá ter _____ bolinhas.

b) Se André usar 3 saquinhos, cada um deverá ter _____ bolinhas.

c) Se André usar 9 saquinhos, cada um deverá ter _____ bolinhas.

Tema 2 | Multiplicação e divisão

Quantas vezes cabe

1. Observe a ilustração e complete.

Cida

Quantos pacotes de livros Cida conseguirá guardar no máximo nessa caixa?

Cada pacote tem _____ livros.

Na caixa cabem _____ livros.

Cida conseguirá guardar no máximo _____ pacotes de livros na caixa.

2. Lúcio quer dividir 30 metros de barbante em pedaços de 6 metros cada um. Quantos pedaços ele obterá?

Lúcio obterá _____ pedaços.

3. Tiago está embalando copos. Ele tem 32 copos e em cada embalagem ele coloca 4 copos. Quantas embalagens Tiago usará?

Tiago usará _____ embalagens.

4. Sabendo que Carlos tem 40 reais em cédulas, responda às questões.

a) Se Carlos tem apenas cédulas de 20 reais, quantas cédulas ele tem ao todo? _____

b) Se ele tem apenas cédulas de 10 reais, quantas cédulas ele tem ao todo? _____

c) E, se ele tem apenas cédulas de 5 reais, quantas cédulas ele tem ao todo? _____

Oitenta e três

Número par ou número ímpar

1. Contorne grupos de duas pessoas.

Agora, responda às questões.

a) Qual é o número total de pessoas? _____

b) Alguma pessoa ficou sozinha? _____

c) O número total de pessoas é par ou ímpar? _____

2. Contorne de 🖊 os números pares e de 🖊 os números ímpares.

2   4   19   3   18   11
19   5   12   7   9
13   10   1   15
22   14   17   20

3. Calcule e depois pinte de 🖊 os resultados das operações que são números pares e de 🖊 os resultados que são números ímpares.

2 × 6 = _____   25 ÷ 5 = _____   12 ÷ 3 = _____   18 ÷ 9 = _____

6 × 4 = _____   30 ÷ 2 = _____   3 × 9 = _____   21 ÷ 3 = _____

Tema 2 | Multiplicação e divisão

Estratégias e representação da divisão

1 Efetue a divisão fazendo desenhos.

a) 12 ÷ 2 = _____

b) 30 ÷ 3 = _____

c) 28 ÷ 4 = _____

d) 25 ÷ 5 = _____

2 Calcule os resultados das divisões e escreva-os por extenso na cruzadinha.

① 16 ÷ 4 = _____

② 18 ÷ 3 = _____

③ 20 ÷ 5 = _____

④ 6 ÷ 6 = _____

⑤ 15 ÷ 5 = _____

3 Na casa de Mílton há um pé de manga. Mílton colheu 40 mangas e distribuiu igualmente entre seus 4 vizinhos.

Com quantas mangas cada vizinho ficou?

Divisão ▶ _____ ÷ _____ = _____

Cada vizinho ficou com _____ mangas.

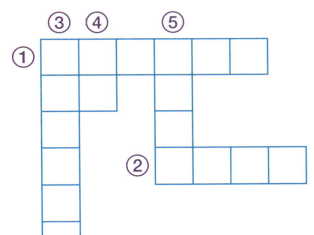

Oitenta e cinco 85

Metade

1 Em cada caso, pinte a metade das figuras.

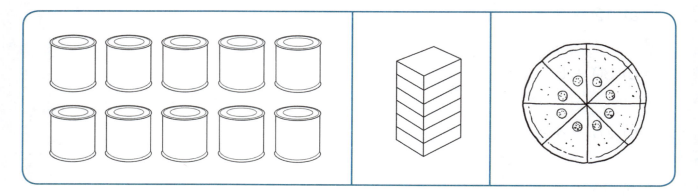

2 Ligue as quantidades correspondentes.

Metade de 20

16 ÷ 2

Metade de 8

10

3 Marcos foi ao supermercado e comprou 1 caixa com 18 latinhas de suco. Ao chegar a sua casa, colocou metade dessa quantidade de latinhas na geladeira e metade no armário.

a) Quantas latinhas foram colocadas na geladeira? _____

b) Quantas latinhas foram guardadas no armário? _____

Tema 2 | Multiplicação e divisão

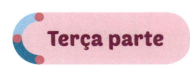

Terça parte

1. No sítio de Paulo há 24 cavalos. Desses cavalos, um terço é branco. Quantos cavalos brancos Paulo tem em seu sítio?

Paulo tem _____ cavalos brancos em seu sítio.

2. Rosana ganhou 27 reais de seu pai. Ela resolveu guardar um terço dessa quantia e gastou o resto. Quantos reais Rosana gastou?

Rosana gastou _____ reais.

3. Leia as dicas e complete a tabela.

Dicas
- João é o mais velho. Ele tem 18 anos.
- Mário tem metade da idade de João.
- Rubens tem um terço da idade de João.
- Sônia tem um ano a mais que Mário.
- Marta tem a metade da idade de Sônia.

Idade das pessoas

Nome	João	Mário	Rubens	Sônia	Marta
Idade (em anos)					

Oitenta e sete 87

Compreender Informações

1 Observe a tabela e responda às questões.

Número de garrafas compradas e vendidas

	Suco	Refrigerante
Garrafas compradas	23	45
Garrafas vendidas	12	31

a) Quantas garrafas de bebidas foram compradas ao todo? _____

b) Quantas garrafas de refrigerante foram compradas a mais que suco? _____

c) Quantas garrafas de bebidas sobraram? _____

2 Os alunos de uma turma escolheram a sua estação preferida. Veja no gráfico o resultado da enquete.

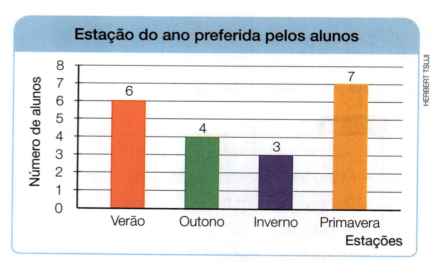

a) Qual foi a estação mais votada? _____

b) Quantos votos teve a estação menos votada? _____

c) Se cada aluno pôde escolher somente uma estação, quantos alunos votaram? _____

88 Oitenta e oito

Quatro cores

Complete os cálculos na legenda abaixo e pinte o desenho de acordo com os resultados.

🖊 metade de 8 é igual a _____

🖊 10 ÷ 10 = _____

🖊 um terço de 9 é igual a _____

🖊 o dobro de 1 é igual a _____

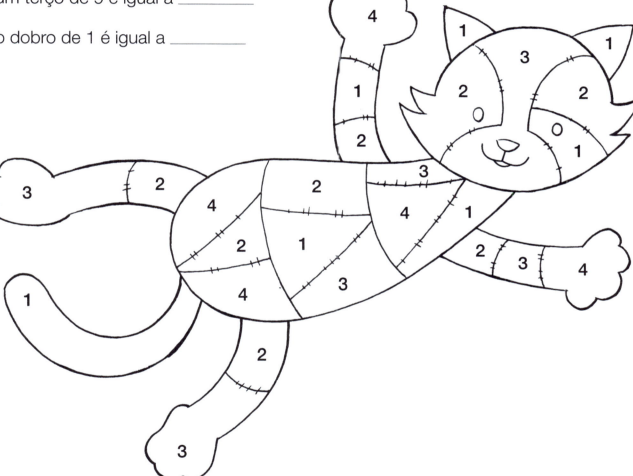

- Agora, classifique cada número que você calculou em *número par* ou *número ímpar*.

1 ▶ _____ 3 ▶ _____

2 ▶ _____ 4 ▶ _____

Oitenta e nove 89

Lembretes

UNIDADE 8 — Conhecendo as figuras

Quadrados

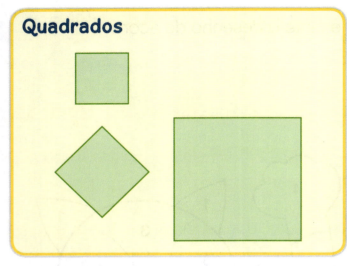

Retângulos

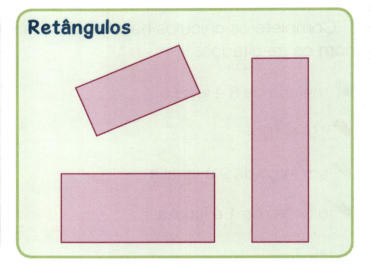

Triângulos

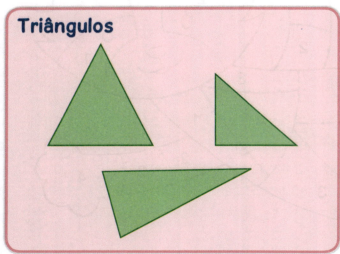

Círculos

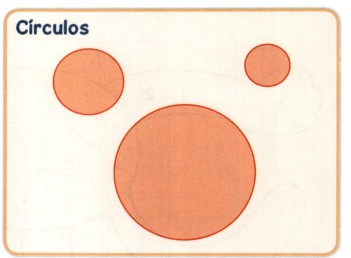

Esferas

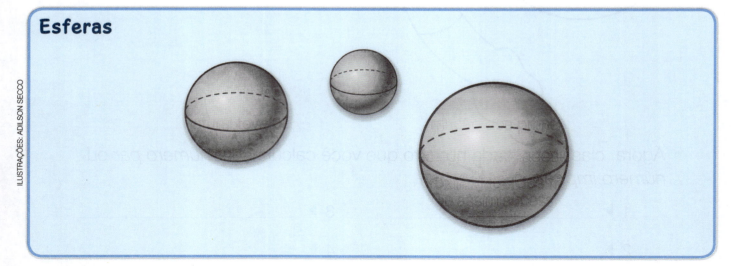

90 Noventa

Tema 1 | Figuras geométricas planas

Retângulo e quadrado

1. Leia e responda às questões.

   Ari desmontou uma caixa de presente e separou suas partes.

   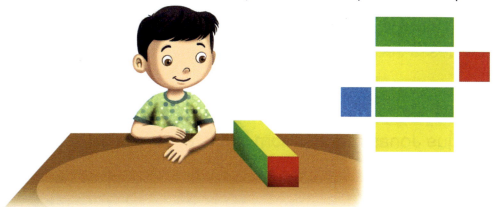

   a) Algumas partes da caixa têm a forma de quadrado. Quais são as cores dessas partes? _____

   b) Quais são as cores das partes da caixa que não são quadradas?
   _____

2. Faça um desenho na malha quadriculada usando somente retângulos. Depois, pinte-o como quiser.

   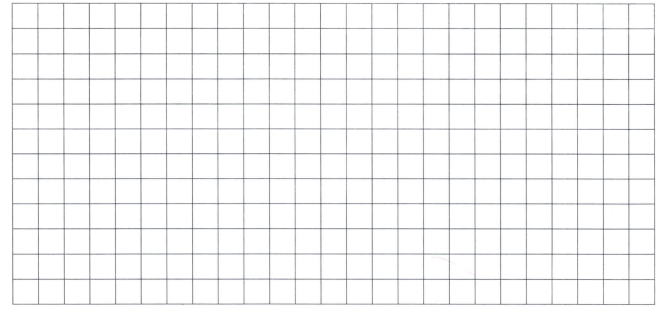

Noventa e um

Triângulo

1 Analise a sequência de figuras e complete a frase.

• A próxima figura dessa sequência será um _____
de cor _____.

2 Observe o coelho que Jonas montou com todas as peças do seu quebra-cabeça.

• Quantas peças triangulares há no quebra-cabeça de Jonas?

_____

3 Cada criança está observando um objeto que se parece com uma figura geométrica não plana.

Juliana   Tales   Caio

• A vista de quais crianças tem a forma de um triângulo?

_____
_____

Tema 1 | Figuras geométricas planas

O círculo e a esfera

1. Marque com um **X** os desenhos em que aparecem círculos.

2. Contorne os objetos que Janaína pode usar como carimbo para obter uma figura parecida com um círculo.

3. Como você explicaria para alguém a diferença entre um cículo e uma esfera? _____

Noventa e três

Tema 2 | Comparações

Reconhecimento de figuras geométricas planas

1. Observe, em cada um dos casos, como as figuras foram agrupadas e explique como se deu esse agrupamento.

a)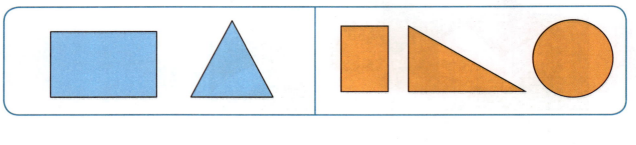

_____
_____
_____

b)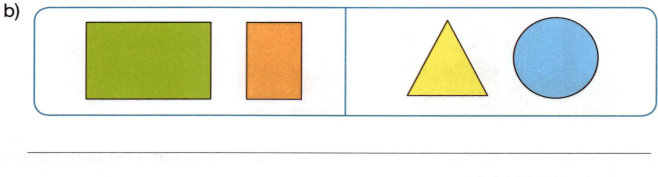

_____
_____
_____

c)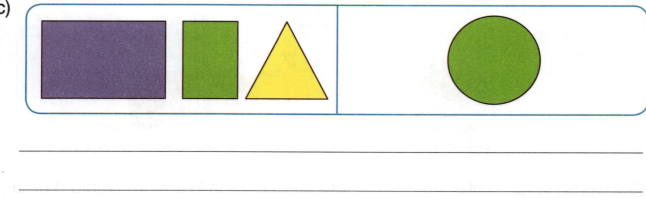

_____
_____
_____

Compreender Informações

Você e seus colegas farão juntos um experimento. Um de cada vez lançará um dado e anotará na tabela o número que obteve, fazendo um **X** na linha correspondente:

Número obtido	Quantidade de alunos
1	
2	
3	
4	
5	
6	

Complete também a tabela com os valores finais:

Número obtido	Quantidade de alunos
1	
2	
3	
4	
5	
6	

- Agora, para finalizar, complete o gráfico a seguir usando os dados da tabela.

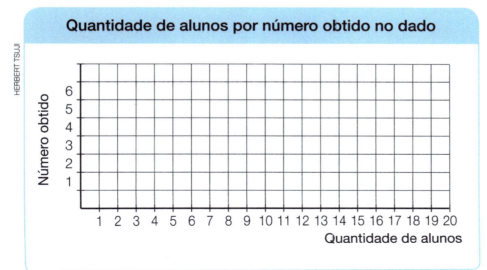

Fonte: Alunos do 2º ano B.

Quebra-Cuca

Figuras lógicas

Descubra a regra desta sequência e desenhe as figuras que faltam.

Capriche!

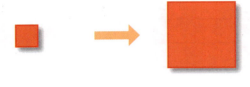

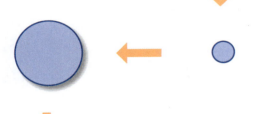

Os fósforos e os triângulos

Na figura abaixo, há 4 triângulos pequenos e 1 grande.

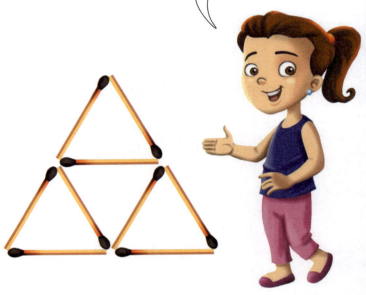

Quais são os 2 palitos que devemos tirar para que sobrem apenas 2 triângulos: 1 grande e 1 pequeno?

Desenhe aqui a figura obtida